Kerstin Jage - Bowler

29 Gedichte und Lieder in Zeiten des Aufbruchs

Kerstin Jage - Bowler

29 Gedichte und Lieder in Zeiten des Aufbruchs

Fromm Verlag

Imprint

Cover image: von Claudia Bachmann (Berlin). Brunnen-Logo der Initiative THEOZ, Theologen ohne Grenzen (gegründet 2017)

Publisher:
Fromm Verlag
is a trademark of
International Book Market Service Ltd., member of OmniScriptum Publishing Group
17 Meldrum Street, Beau Bassin 71504, Mauritius
Printed at: see last page
ISBN: 978-613-8-37109-0

29 Gedichte und Lieder

in Zeiten des Aufbruchs

7farben, 2020

Besonderer Dank an Christopher für alle Brunnen-Inspirationen!

1. Und der Himmel hat nun neue Farben

Und der Himmel hat nun neue Farben – kannst du´s spürn?
Und der Himmel hat nun neue Farben – kannst du´s spürn?
Ja, ich kann´s spürn, doch nicht sehn ...
Ja, ich kann´s fühln, doch es tut (noch) weh ...

Wie ein Fisch, wie ein Schmetterling,
wie die Blume, die duftet und blüht.
Wie ein Baum, der ist und wurzelt und wächst,
wie der Wind, der leicht weht.

Wie ein Licht, das nur leuchtet und leuchtet -
leuchtet ins Dunkel, ins Nichts.
Wie ein Kind, das wieder aufsteht, nachdem es bös hinfiel, -
aufsteht und geht - - -

Wie das Rauschen der Meere, die Stille der Berge,
wie Gebete, die fliegen und vergehn.
Wir sind frei zu lachen, zu leben, zu tanzen, -
frei zu lieben – im Wehn ..

Und der Himmel hat nun neue Farben – kannst du´s spürn?
Und der Himmel hat nun neue Farben – kannst du´s spürn?
Ja, ich kann´s spürn und ich kann´s sehn ...
Ja, ich kann´s fühln und es tut (noch) weh ...

2. Phoenix

Der Himmel tiefblau, der Wind wehte leicht,
du standst am Fenster – ratlos und ernst.
Fragen wie Feuerfunken, - glühende Glut,
Antworten fern – keimende Wut ...

Dann am Feuer – die Gitarre erzählte mir,
was du nicht sagen kannst oder willst.
Feuervogel: stark und wunder-schön, -
tust mir gut und tust mir weh.

Feuervogel – Phoenix genannt,
fliegst so hoch/ weit du kannst.
Aus der Asche, von den Wunden – fliegst du auf und schwebst,
der Wind singt leise und zeigt dir den Weg, -
lauschend und hoffend,
tanzend und leicht -
Schönheit – ich will verstehn.

Du hast mein Herz berührt, - der Schlüssel ist dein.
Mich ins Leben verführt, - ich lernte zu sein.
Du hast verstanden, gefühlt umd gelacht,
weist auf den Pfad der Liebe, - nicht auf die Macht, - du sagst:
Schau und höre. Sei auch mal still.
Bleib wachsam – da ist Feuer in dir!"

Nicht zerstörend, doch offen. - Hoffend auf dich.
Nicht vernichtend, aber fliegend und ganz frei,
die Flügel der Güte, - sie helfen uns dabei.
Sinnierend und traurig,
schamvoll, verwirrt ...
Phoenix – verwandle die Welt! -
Phoenix – verwandle die Welt!

Wir fühln uns müde, krank, - doch wir sehnen uns.
Wir sind noch da und schaun. - Hey, - gib mir nen Kuss!
Zartheit und Schönheit, Wildsein und scheu,
Glauben und Frieden, Hoffnung, die Liebe,
dornige Pfade, - Heilsein und Traum. -
Für ne schöne Welt, - für ne schöne Welt!

Feuervogel – Phoenix genannt,
fliegst so hoch/ weit du kannst.
Aus der Asche, von den Wunden – fliegst du auf und schwebst,
der Wind singt leise und zeigt dir den Weg, -
lauschend und hoffend/ golden und rot,
tanzend und leicht -
Schönheit – zeig mir den Weg!

3. phoenix (original)

When we first met it straight flashed into my head.
I was longing for you ---
You were sitting by the fire-side, drinking wine, -
and you welcomed me too.

Phoenix, - bird of fire. -
We live and we will die.
One day from the ashes you will rise again and reach the sky,
the wind will take us and teach us how to live and fly:
in peace and harmony
in dance and joy
in beauty – amazingly ---

You taught me how to fly, feeling high,
you taught me how to feel and see, -
you taught me how to touch and think -
showed me the ways of love and peace.
You said: look and listen! - Be still!
The fire can serve you -
tame it well!

No destruction but hoping – holding the fear.
No devastation but coping with the unknown, -
compassion shows us the way.
The sadness I feel deep inside,
the shame and the confusion. -
Phoenix – transform this world!

We´ll see the beauty, feel the warmth
we are prepared and want to fly again -
tamed glow of fire - you feed us
show us the door to love - heal us
gentle and soft, full of visions -
for a better world! --- For a better world!

Phoenix, - bird of fire.
We want to live again before we die.
One day your ashes will rise again and reach the sky,
the wind will take us and teach us how to live and fly.
in peace and harmony
in dance and joy
in beauty – amazingly ---

4. Ich zeig dir was: du kannst ...!

Wenn du denkst und du denkst, doch nur denken kannst du nicht.
Wenn du denkst und du weißt: es ist Zeit!
Dann geh los – Schritt für Schritt, - besser werden wird es nicht.
Hab keine Angst, wenn du gehst, - der Weg ist weit ...

Nimm meine Hand – ich zeig dir was: du kannst:
staunen und lieben und sehn!
Du bist wie Sand, - ein Sandkorn dort am Strand.
Wind hebt dich hoch und du schwebst ...!

Wenn du fühlst und du fühlst, doch nur fühlen kannst du nicht.
Wenn du fühlst und du weißt: du musst gehn ...
Dann hab Mut – Schritt für Schritt – manchmal wissen wir es nicht.
Hab keine Angst, wenn du gehst – der Wind wird wehn.

Wenn du siehst und du siehst, doch nur sehen kannst du nicht.
Wenn du siehst und dir scheint ein Fünklein auf ...
Dann vertraue und baue ein Haus aus goldnem Licht.
Hab keine Angst – du bist nicht allein.

Nimm meine Hand – ich zeig dir was: du kannst:
staunen und lieben und sehn!
Du bist wie Sand, - ein Sandkorn dort am Strand.
Wind hebt dich hoch und du schwebst ...!

5. sieben farben

7farben musst du haben, um mich zu finden.
7farben musst du suchen: ich hab mich versteckt.
Verborgen unter Sorgen und Mühn,
in der Tiefe des Flusses, über den Wolken, die ziehn,
im Flüstern des Windes, im Lächeln eines Kindes:
dort kannst du mich sehn – dort kannst du mich sehn.

Blau: wie Maria´s Mantel, der uns wärmt und umhüllt,
blau – blaue Stunde ... blaues Klavier – u ich hier bei dir.

Grün: wie die Hoffnung, deine Augen, inspirierend wie einst,
grün: die Blätter, wie sie tanzen, - das Leben, das uns meint.

Gelb: wie der Honigmond, der uns nachts leicht zuwinkt,
gelb: die fette Zitrone, die lacht und glücklich macht.

7farben musst du haben, um mich zu finden.
7farben musst du suchen: ich hab mich versteckt.
Verborgen unter Sorgen und Mühn,
in der Tiefe des Flusses, über den Wolken, die ziehn,
im Flüstern des Windes, im Lächeln eines Kindes:
dort kannst du mich sehn – dort kannst du mich sehn.

Orange: die Früchte unsrer Welt, - die Orange, der Apfel, der Kürbis,
orange: glühende Farbe im Herbst unsres Lebens.

Rot: wie das Blut, der Mut, die Wut, rot: die Angst vor dem Tod, -
die Unruhe, die uns nachts nicht schlafen lässt, - rot, - - - rot...

7farben musst du haben, um mich zu finden.
7farben musst du suchen: ich hab mich versteckt.
Verborgen unter Sorgen und Mühn,
in der Tiefe des Flusses, über den Wolken, die ziehn,
im Flüstern des Windes, im Lächeln eines Kindes:
dort kannst du mich sehn – dort kannst du mich sehn.

Gold und weiß sind eins,- Gold: das Mysterium,
weiß: alles ist eins! - Auflösung, Jetzt, Unendlichkeit ... Ewigkeit ...

6. Walzer für mich

(noch etwas stolprig ...)

Licht im Blick - Blick im Licht
Tanz mit mir, - nur dieses Stück
Ich lass mich fallen, - lerne Vertrauen (in mich)

Dein Herz - das hüpft vor Glück
Hast mit mir Menschen gepflückt
Zwei Schritt vor - einer zurück
Walzer - Rhythmus des Lebens ...

Tanz mit mir - dreh dich ein Stück -
Vor und wieder zurück
Weißt doch: es gibt kein Zurück
Rhythmus/ Chaos des Lebens
wirbelt mich - Schritt für Schritt
Lach nur und tanze, - weich nicht zurück!

Licht im Blick - Blick im Licht
Tanz mit mir, - nur dieses Stück
Ich lass mich fallen, - lerne Vertrauen (in mich)

7. wounded soul

sleepless night -
dreams and pictures running through my mind
colours and words are not the same anymore
pain everywhere
feel so sorry and so sad, so sad

shouting out loudly, so loud -
pain is inside you
sadness overwhelmingly
no future? - no future?

8. pain

Let me feel your pain, - why don´t you?
Let me be by your side, - why don´t you?

Why are you shy - ? Shy, - so shy?
Why are you shy - ? Shy, - so shy?

Let me feel your pain, - why don´t you?
Let me be by your side, - why don´t you?

Where is the light? The light and the life?
Where is the light? The light and the life?

Let me feel your pain, - why don´t you?
Let me be by your side, - why don´t you?

This moment hurts, just hurts, - this moment hurts.
This moment hurts, just hurts, - this moment hurts.

I can feel my pain, - I am with me!
I am standing by myself, - I`m stronger now!

Here is the light, - I´m standing by myside.
Here is the light, - I´m standing by yourside.

9. trotz

ich geh zu bett
und bin´s zufrieden
ich geh nach haus
und bete
für die welt und den frieden und für die liebe
dass sie nicht aufhören möge
trotz kummer und streit und kriegen

10. es dunkelt

es dunkelt in meiner Seele
tief und dunkelrot

es sucht sich das LICHT seinen weg
meinen weg
aus mir heraus

es hellt
wird erhellt
hellt sich auf -

und dunkelt
färbt sich,
sucht sich,
findet sich -

und dich

11. das LICHT

es verändert sich stetig
eben noch hell, doch grau sich andeutend
nun schon dunkel und sturm-sich-noch-verbergend

da: ein heller
LICHT - tropfen

lachend - gleich dem augenblick
sich nähernd
sich verwandt-fühlend
sich - immer - seinen weg -
bahnend
suchend
findend

LICHT:
hoffnung für unsere zeit

12. Wortmalerin

(für Ruth)

sitzt und schaut - wartet
geht und hört - zögert
lauscht auf das rauschen der blätter
das flüstern des windes
schaut und sitzt still - fragend
hört und bleibt stehn - staunend, klagend

fühlt das, was sonst niemand fühlt
findet worte für das, was sonst verborgen bliebe

malerin der worte -
bleib wach und stark!
die farben des windes und der blätter und der worte und der lieder
sie suchen dich - sie finden dich

13. betrunken im juni

ich wanke
ich schwanke
ich rede
ich schwebe
ich dichte
und richte
ich spreche
und rechte
ich singe
und schwinge
ich fliege
und wiege
mich findend
verschwindend
auftauchend
aushauchend
im leben
im lieben
verbiegen?

ich darf noch bleiben,
so will mir scheinen

indes

das leben bewegt sich
und regt sich

und ich mich auch

14. Kannst du den Koffer meiner Worte tragen?

Kannst du den Koffer meiner Worte tragen?
Er liegt so schwer in mir.
Hilf mir, ihn auf´s Schiff zu tragen -
ins kleine Stübchen dort.

Auf dem Meer dann:
öffne ich den Koffer
und schaue den Wörtern beim Fliegenlernen zu.

15. Ich bin in deinem Wort zu Haus

Ich bin in deinem Wort zu Haus,
ich berge mich und ruh mich aus.
Hab lang gesucht, bin lang gelaufen,
gerufen, gesungen, gebetet.

Nun bin ich hier.

Der Ton eines Wortes,
sein Klang, seine Schwere -
es klingt, es wärmt, es tröstet -
oder nicht.

Es spricht, erzählt, schafft Raum -
Vertraun und Wärme auch.

Darf ruhig sein dann,
eingefahren in einen Hafen,
wo´s schön ist,
wo´s mir gefällt.

Umgeben von einem Wort,
einem Gedicht, einem Gedanken
kann ich leben:
einen weiteren Tag,
weitere Stunden,
einen Nachmittag.

Die Sonne blinzelt und nickt:
gesucht hast du - gefunden bist du -
warm und still, -
mein Herz stimmt zu.

Ein gutes Wort ist Raum und Glück, -
Musik.

Dein Wort ist mein Haus,-
und dafür danke ich!
Ich trete ein und bin umhüllt
von Duft und Leben und Hoffnung auch.

So lang gesucht.
Bin gefunden nun.
Hab angeklopft, abgeklopft:
die Wörter und das Leben.

Sie lächeln mir zu,
umhüllen mich,
bergen mich,
bewahren mich.

Dieses Haus lässt mich ein,
lässt mich sein:
froh und ruhig
für zwei Augenblicke.

Bis ich wieder fort muss
ins Ungewisse,
ins Kalte der Fragen, die ich habe.

16. unter dem grünen Blätterdach

unter dem grünen Blätterdach
liege ich und träume
licht – durchflutet – alles hier
beschützt und gekost
sicher für Jetzt

es flimmert
es tanzt
es flirrt und zittert
es weht
es raschelt
es flüstert

dann – in einem Augenblick

17. unterm Regen - im Blätterdach

bin ich umhüllt, geborgen. -
Sorgen: wartet auf mich bis morgen!

heute lausche ich und bin ich,
heute umweht die Zärtlichkeit mich,
die Schönheit, das Regentropfen-Prélude ...

heute leb ich im Augenblick,
heute bin ich sicher im Jetzt.
heute hab ich keine Angst, -
heute hab ich Mut und
sehe mit 500 Augen,
höre mit 700 Ohren,
schmecke und empfinde 77 - fach ...

heute hab ich Vertrauen in mich:
alles ist gut.

doch schnell schon nahen der Zweifel,
der Neid, die Lieblosigkeit. -
dunkel ist´s da und kalt.

wag ich mich hinunter
die steile Treppe -
in den Keller,
den unbewohnten und ungelüfteten?

ich nehm mich selbst bei der Hand,
summe Mut mir zu durch ein altes Lied:
alles ist gut, alles ist gut, alles ... wird gut!?

unterm Regen - im Blätterdach -
bin ich umhüllt und geborgen.

die Blätter weisen mir den Weg:
zart, flüsternd, verschlüsselt, singend, sehnend, tanzend -
stark und still.

18. Vor der Rose

Vor der Rose stehe ich und staune:
sie blüht und duftet und zittert auch, mitunter -
wie von Innen -
dabei war´s nur der Wind ...

War´s der Wind?
Oder ahnte sie etwas?

Auch wir zittern manchmal, mitunter -
wie von Innen -
Vorahnung, Mitgefühl,
Leiden am Großen.

Zart und duftend und zitternd:
Weht der Abschied?
Läutet der Tod uns?

Doch:
schön ist sie und zart, die Rose, -
rot und ein Welken kündigt sich an.

Wie sie duftet und verharrt ... -
nur für diesen Augenblick,
nur für diesen Tag,
nur für diesen Sommer ...

Vor der Rose stehe ich und staune:
Mut gehört zu so viel Schönheit,
Mut zum Leben ...
Duft im Sein und Werden.

a rose is a rose is a rose is a rose
a rose is not only a rose
Das Geheimnis des Lebens ist das Geheimnis des Leben.

(gefunden bei T. in Ketzin)

19. siebenundsiebzig Monde

(für die mami)

Strahlend hell – wie die Sonne an diesem Morgen.
Strahlend hell – ist die Liebe, die uns umgibt.
Wolln die Wolken kommen, der Regen und der Donner -
die schieb´n wir einfach weg.

77 Monde bist du gegangen,
gelacht, geliebt, geweint, uns umsorgt.
77 Sonnen sind vergangen,
gearbeitet, gelebt, manchmal verzagt.

Wir kommen heut zu dir und gratulieren, -
mit Blumen, bunten Sträußen und Musik.
Manch Wort, manch Leckerei gibt´s zum Probieren.
Wir halten dich, wir lieben dich, - stimm mit uns ein:

77 Sterne solln dir leuchten, -
in tiefer Nacht, wenn Einsamkeit sich dir naht.
Wissen darfst du: Gott und alle Engel
und wir – wir alle bleiben dir ganz nah.

20. siebenundsiebzig Monde

Strahlend hell – wie die Sonne an diesem Morgen.
Strahlend hell – ist die Liebe, die uns umgibt.
Wolln die Wolken kommen, der Regen und der Donner -
die schieb´n wir einfach weg.

77 Monde bist du gegangen,
gelacht, geliebt, geweint, uns umsorgt.
77 Sonnen sind vergangen,
gearbeitet, gelebt, manchmal verzagt.

Wir kommen heut zu dir und sagen: Danke! -
mit Blumen, Erinnerungen und mit Musik.
Manch Wort, unsre Tränen und unser Lachen -
wir vermissen dich, wir lieben dich, - stimm mit uns ein:

77 Meere bist du überflogen, -
auf den sanften Schwingen des Albatross hattest du Mut.
Ruhig sitzt du nun im Tor zum Regenbogen, -
7 Farben schickst du uns, - Schönheit und Glück.

77 Sterne solln uns leuchten, -
in tiefer Nacht, wenn Einsamkeit sich uns naht.
Wissen dürfen wir: Gott und alle Engel
und du - du bleibst uns ganz nah.

21. dein Flügel und du

(für Paps)

Dein Flügel und du – ihr seid wie Geschwister,
atmet und singt/ klingt im ähnlichen Rhythmus.
Gehts dir gut, schreitet ihr mutig voran in G-Dur,
gehts dir schlecht, suchst du Trost in fis-moll.

Groß steht er da, dein Flügel.
Groß und schwarz und geheimnisvoll, - steht und steht und steht.
Wie ein Berg, der erklommen werden will ... -
ein Weg voller Gefahren und Überraschungen, -
ein Weg voller Schönheit und Klarheit.

Wartet auf dich und deine Hände,
deine Zartheit, dein Talent, deine Seele -
herauslocken wirst du die wundersamsten Töne.

Dein Flügel verleiht dir Flügel, - dich tragend und bergend.
Hier fühlst du dich mutig, gelöst und ganz frei.
Dein Flügel singt dir dein Lied vor, -
er kennt deine Seele, er kennt deine Trauer,
aber auch Freude und Glück.

Warm erklingt dann der Tango, das Tänzchen, das Glück,
warm und klar der Bach, - verschlungen der Brahms und der Tschaikowski.
Eric Satie und Chopin und Schumann, - Händel, Verdi und Schubert
gesellen sich dazu – wetteifern um deine Gunst.

Dein Flügel und du, - ihr seid wie Freunde, - Mann und Geliebte.
Sie lehrt dich ihr Maß, das Zuhörn, das Lassen ---
Du kommst mit deiner Ungeduld, deinen Fragen
und hörst sie sagen: Hab Mut, - alles ist gut!

Dein Flügel verleiht dir Flügel, - dich tragend und bergend.
Hier fühlst du dich mutig, gelöst und ganz frei.
Dein Flügel singt dir dein Lied vor, -
er kennt deine Seele, er kennt deine Trauer,
aber auch Freude und Glück.

Dein Flügel und du, - ihr seid die Zauberer,
verschworene Brüder, innige Freunde.
Diese Liebe hat kein Ende, sondern lebt – fort und fort ---
Es blitzt und bebt und schäumt, mitunter, -
es lacht und kitzelt, benebelt, erfreut.
Das Herz singt, mitunter -
die Gedanken stehen still, - weil der Zauberer das so will ...

Dein Flügel verleiht uns Flügel, - uns tragend und bergend.
Hier fühln wir uns staunend, gelöst und ganz frei.
Dein Flügel singt uns das Lied vor, -
er kennt unsre Seelen, er kennt unsre Trauer,
aber auch Freude und Glück.

22. Die Straßen deiner Jugend

Gehst durch die Straßen deiner Stadt ganz allein,
erinnerst dich – so wird es – nie wieder sein.
Gesichter, Gefühle – alles ist wieder da -
wie in nem Film läuft alles ab und dir wird klar:

Die Straßen deiner Jugend – so weh es auch tut -
die Straßen deiner Jugend - - -
Manches wird nie wieder gut.

Du rufst deinen Freund an, - ja, er versteht -
wie doch die Zeit und alles, was wir erleben, vergeht.
Lachen und Weinen, Verstehn und auch Entfernen, -
Manches steht und bleibt im Mond und in den Sternen ...

Die Straßen deiner Jugend – so weh es auch tut -
die Straßen deiner Jugend - - -
Alles wird irgendwann wieder gut.

Die Liebe, die Kinder, Beruf und die Musik,
das Boot, das Haus, das Fahrrad – gar nichts versiegt.
Gewonnen, verloren, - nichts war umsonst -
dankbar und vertrauend dem lichten Streifen am Horizont.

Die Straßen deiner Jugend – so weh es auch tut -
die Straßen deiner Jugend - - -
Alles wird irgendwann wieder gut.

23. Otherland - Anderland

Im Anderland:
da gibt es Blumen, Düfte und Musik.
Da gibt es Frieden und Schönheit und Überfluss.
Im Anderland:
da halt ich deine Hand und bin ganz still.
Da muss ich gar nichts machen, weil ich gar nichts will. -
Da tanzen die Schatten im ew´gen Licht, -
da leb´ ich ganz im Vertrauen auf dich.

Im Anderland:
Farben und Wiesen voller duftender Blumen und Bäume,
Licht und Zeit und Frieden, - keine Zäune ...
Keine Schmerzen, keine Tränen, keine Sorgen ...
Viel Nähe und viel Liebe für morgen.

Im Anderland: da geht´s mir gut,
im Anderland: da hab´ ich Mut.
Im Anderland: da weht es leicht
und ich weiß: Hab keine Angst! -
Ich werde immer bei dir sein. - Ich werde immer bei dir sein.

Manchmal im Traum: da bin ich im Anderland.
Da nimmst du meine Hand und schenkst mir Blumen und Liebe.
Da spür ich dich noch einmal ganz nah und ich weiß:
Alles ist gut – so gut – alles ist sehr gut ...

Wirst du mich lieben in der Anderwelt?
Werd ich dich spüren? -
Keine Fremdheit, keine Fragen mehr. -
Alles ist gut – so gut – alles ist sehr gut ...
Alles ist gut – so gut – alles ist sehr gut ...

Im Anderland: da geht's mir gut,
im Anderland: da hab' ich Mut.
Im Anderland: da weht es leicht
und ich weiß: Hab keine Angst! -
Ich werde immer bei dir sein. - Ich werde immer bei dir sein.
Ich bin geborgen und ganz frei ...

24. Oikos

(für Fridays for Future)

Wieviele Stunden ich noch habe unterm Regenbogen?-Ich weiß es nicht.
Wieviele Runden ich noch drehe auf unsrer Welt? - Ich weiß es nicht.
Wieviele Jahre ich noch lebe mit der Sehnsucht tief im Bauch? -
Wieviele Küsse ich noch schicke,-wieviel Gebete auch?-Ich weiß es nicht.

Eines nur, das weiß ich: Unser Haus ist wichtig, - und unser Garten auch.
Doch heut quält mich der Gedanke: "Meine Söhne, eure Töchter, -
was lassen wir euch hier?" - - -
Welche Freuden, welche Flüsse, welche Meere, welches Glück?
Welche Tiere, welche Schönheit, welche Berge, welches Licht?

Wieviele Male ich noch hadre mit der Wirklichkeit?-Ich weiß es nicht.
Wieviele Tränen ich noch weine ... - wo ist Gerechtigkeit? - Ich weiß es nicht.
Wieviele Male ich noch klage, doch auch tanze? - Ich weiß es nicht.
Wieviele Male wirst du rufen: "Wacht endlich auf!" - - -

Eines nur, das weiß ich: Unser Haus ist wichtig, - und unser Garten auch.
Doch heut quält mich der Gedanke: "Meine Söhne, eure Töchter, -
was lassen wir euch hier?" - - -
Welche Freuden, welche Flüsse, welche Meere, welches Glück?
Welche Tiere, welche Schönheit, welche Berge, welches Licht?

Wieviele Lieder ich noch schreibe unterm Sonnendach? -
Ich weiß es nicht.
Wieviele Texte mir noch zufalln im Niemandsland? - Ich weiß es nicht.
Wieviele Fische müssen sterben, - wieviel Unvernunft denn noch? -
Wieviel Gletscher müssen schmelzen, - gebt nicht auf!

Unser Haus gilt es zu schützen, unsre Herzen, unsre Seelen,
nehmt die Hände, Zärtlichkeiten, Lebensmut -
die Hoffnung gibt's umsonst dazu ...!

Unser Haus ist wichtig! - Das Zuhause der Menscheit,
all der Tiere, Pflanzen, Flüsse, Berge auch.
Das ist Liebe, d.i. Sorgen. d.i. nichts verschieben mehr auf morgen.
Das ist Leben und zwar heute, doch mit Vernunft.

Unser Haus, d.i. nun alt schon, steht auf schwachen Füßen. -
Nun ist die Zeit!
Zum Handeln und Bewahren und auch Pflegen. - Nun ist die Zeit!
Zum Lieben, Protestieren, zum Hoffen und zum Schützen. -
Nun ist die Zeit!

Kinder, Eltern, Frauen, Männer, alle Freunde,
macht euch auf, - versammelt euch zum Tun!
Zum Tun, zum Beten, Singen, Tanzen - aber nicht um's Goldne Kalb!
Zeit zum Träumen, Zeit zum Lachen, Faxenmachen, Harlekin -
"Nun ist die Zeit!"

25. "Zeit" – "Genosse"

Zeit-Genossen, - Fremde, Freunde in der Zeit.

Ich war neulich am Ku-Damm, musste etwas erledigen u beobachtete die vorbei-hastenden Menschen; manche liefen auch bewusst langsam. Einige mit Maske, einige ohne.
Ältere, Jüngere, Männer, Frauen, ein Baby im Kinderwagen, ein Mann - noch recht jung, dunkler Teint - wird im Rollstuhl von seinen beiden Freunden gefahren.
Ängstliche, Beunruhigte, Ziel-Gerichtete, betont ruhig Gehende, Auto-Fahrende, im-Bus-Sitzende, Fahrrad-Fahrende ... -
Ein junger Mann fällt mir besonders auf: er läuft recht lässig, entspannt, denkt über etwas Tiefes nach, so scheint es mir ... schüttelt dann seine rechte Hand aus ... - Er scheint so tief versonnen/ versunken, wie es sonst nur Kinder sind ... in seiner ganz eigenen u wertvollen Welt ... -

Alles meine "Zeit-Genossen", denke ich ...

26. Die Liebe und die Zeit

(für Marc Chagall,
Susanne Moser und
Hans Henny Jahnn)

Die Liebe und die Zeit – sie haben eins gemeinsam.
Sie sind oft sehr einsam, - und doch ganz klar.

Der Mond und die Nacht,
sie sind Geschwister. -
Sie gehn durch Leichtes und Schweres.
Das Feuer knistert.

Die Sonne - sie strahlt und stärkt uns,
leitet und wärmt uns.
Ihr Glänzen lehrt uns
zu staunen, zu geben, zu sehen.
Verbrennen und Werden.

Schau ich dich an,
dann spüre ich Wärme,
spüre das Leben - das Geben, das Nehmen.
Die Schönheit.
Den Fluss.

Flüsse der Liebe - Flüsse der Zeiten
nur für heute.

Doch morgen wird kommen, -
braucht uns und die Zeiten, - die Liebe.

Flügelfisch und Goldgeige,
Zaubermund und pendelnde Uhr.
Teilst ein und träumst fort.

Im Anfang, jetzt und immer, -
wir schwingen, wir fliegen, wir rätseln,
wir lauschen, wir singen und lachen, -
frei und unbeschwert.

Zeigst uns den Rhythmus,
das Leben, Probieren, -
das Losgehn und Verschenken.
Das Offensein im Jetzt.

Nichts bleibt stehen,
alles bewegt sich -
immer und immer.
Wir wollen lernen, vertrauen -
auf immer und im Jetzt.

Die Sekunden und Stunden
zerrinnen, doch innen -
da sind sie uns treu.
Wolln uns ermahnen
und immer erinnern:
der Augenblick zählt - nichts sonst.

Flüsse der Zeiten - Gezeiten der Liebe -
stetig, doch sich wandelnd.

Sitzend.
Ganz still.
Horchend -
auf dich, - den Augenblick.

Moment der Fülle,
der Stärke, des Lebens.
Hauch der Ewigkeit -
wir sind dein
und du bist mein.

Wollen erkennen,
uns nicht nur verrennen
im Labyrinth des Täglichen.

Wollen vertrauen,
auf dich nur bauen,
uns nicht erklären,
sondern leben.
Sein-und-Werden.

27. Was mich der blaue Himmel lehrt

Der blaue Himmel, direkt vor meinen Augen,
lehrt mich das Schauen und das Staunen.
Er lehrt mich, dass grad kein Wölkchen stört.

Blau und Vertrauen – das geht zusammen.

Es braucht aber auch das Rascheln und Zischeln und Wispern und
Raunen und Zirpsen und Flattern und Rufen und Sehnen ...

Da: ein Schmetterling -
ganz ohne Scham führt er sein Regenbogenkleid spazieren.

28. klein und groß

Die Bienen, die summen.
Und die Hummeln, die brummen.
Unermüdlich, im Sonnenschein,
im Blätterrauschen – im Weltenhain.

Sie arbeiten, schaffen, bestäuben,
sie saugen, stibitzen, beäugen.

Und wir, die wir uns so viel wichtiger meinen, -
wir gehen achtlos vorbei.
Im schmerzenden Sinn unsere Einsamkeit
und vermeintliche Sinnlosigkeit.

29. Fragen

Hast du schon einmal geliebt,
versagt, gespottet, aufgegeben?
Bist du dir jemals selbst überdrüssig geworden?
Wurdest du genannt der Dichter, Hofpoet und Schaumschläger?
Gibt es Träume und Düfte, die dich verzücken?
Wünschst du dir Liebe und Liebe und Liebe?

Dann setz dich zu mir. - Mir geht es wie dir.
Gemeinsam versteht es sich leichter.

Haben der Wind und die Gräser dir jemals gezeigt, was Schönheit ist?
Hast du jemals versucht, ihn festzuhalten, diesen Moment?
Glaubst du an die Unendlichkeit der Liebe?
Suchst du die Freude tief in dir?
Vertraust du dich Gott an?

Dann setz dich zu mir. - Mir geht es wie dir.
Gemeinsam versteht es sich leichter.

Suchst du nach Liedern und Liedern und Liedern?
Fängst du Worte ein, die dir zufliegen?
Bist du glücklich und traurig zugleich?
Kennst du den vollen Regenbogen am Abend und
den kalten Tau am Morgen?
Kommen Menschen zu dir, um sich zu wärmen?

Dann setz dich zu mir. - Mir geht es wie dir.
Gemeinsam versteht es sich leichter.

Printed by Books on Demand GmbH, Norderstedt / Germany